Bernd Fegers

Auswahlkriterien für ein Web-CMS vor dem Hintergrund der Barrierefreiheit

GRIN Verlag

Bibliografische Information der Deutschen Nationalbibliothek:

Die Deutsche Bibliothek verzeichnet diese Publikation in der Deutschen National-bibliografie; detaillierte bibliografische Daten sind im Internet über http://dnb.d-nb.de/ abrufbar.

Impressum:

Copyright © 2012 GRIN Verlag GmbH
Druck und Bindung: Books on Demand GmbH, Norderstedt Germany
ISBN: 978-3-656-19783-6

Dieses Buch bei GRIN:

http://www.grin.com/de/e-book/193664/auswahlkriterien-fuer-ein-web-cms-vor-dem-hintergrund-der-barrierefreiheit

GRIN - Your knowledge has value

Der GRIN Verlag publiziert seit 1998 wissenschaftliche Arbeiten von Studenten, Hochschullehrern und anderen Akademikern als eBook und gedrucktes Buch. Die Verlagswebsite www.grin.com ist die ideale Plattform zur Veröffentlichung von Hausarbeiten, Abschlussarbeiten, wissenschaftlichen Aufsätzen, Dissertationen und Fachbüchern.

Besuchen Sie uns im Internet:

http://www.grin.com/

http://www.facebook.com/grincom

http://www.twitter.com/grin_com

FOM – Hochschule für Oekonomie & Management
Essen / Köln

Bachelor-Studiengang Wirtschaftsinformatik

5. Semester

Seminararbeit im Fach

„Content Management Systeme"

Auswahlkriterien für ein Web-CMS
vor dem Hintergrund der Barrierefreiheit

Autor: **Bernd Fegers**

Köln, den 20.05.2012

Abstract

Zur Pflege und Aktualisierung moderner Webangebote kommen verstärkt Web Content Management Systeme zum Einsatz. Sie unterstützen den Grundsatz der Trennung von Layout und Inhalt und bieten den Vorteil, dass quasi Jedermann Webseiteninhalte erstellen und aktualisieren kann, weil hierzu nicht mehr zwingend technische Kenntnisse erforderlich sind.

Gleichzeitig hat der Begriff der Barrierefreiheit in den letzten Jahren zunehmend an Bedeutung gewonnen – für Bundesbehörden ist ein barrierefreies Webangebot seit dem Jahr 2002 sogar verpflichtend. Barrierefreiheit zielt darauf ab, das Internet mit seinen Angeboten und Möglichkeiten allen Nutzern gleichermaßen zugänglich zu machen, auch wenn diese körperlich eingeschränkt sind – beispielsweise durch Seh-, Bewegungs- oder kognitive Behinderungen – und unabhängig vom verwendeten Endgerät, Eingabegerät oder Browser.

Die bedeutenden Richtlinien in diesem Bereich sind die vom W3C erarbeiteten Web Content Accessibility Guidelines (WCAG) und die darauf basierende deutsche Barrierefreie Informationstechnik-Verordnung (BITV). Die dort festgeschrieben Vorgaben sind teils technischer und teils inhaltlicher Natur und haben alle das Ziel, Zugangsbeschränkungen abzubauen.

Content Management Systeme können vor allem bei den technischen Aspekten der Barrierefreiheit eine Hilfestellung bieten: Sie sollten gültigen HTML-Quellcode erzeugen und die Redakteure bei der Inhaltserstellung unterstützen indem sie beispielsweise an bestimmte Routinetätigkeiten erinnern. Dazu muss die Software entweder bereits von sich aus entsprechende Kriterien berücksichtigen oder entsprechend durch Plugins oder eigene Programmierung erweiterbar sein.

In jedem Fall kann ein Content Management System nur eine Unterstützung bieten und ist kein Garant für eine barrierefreie Webseite. Einige Verantwortlichkeiten liegen weiterhin bei den Webdesignern und bei den Autoren der Inhalte.

Inhaltsverzeichnis

Abkürzungsverzeichnis

BITV	Barrierefreie Informationstechnik-Verordnung
CD	Corporate Design
CI	Corporate Identity
CMS	Content Management System
CSS	Cascading Stylesheets
HTML	Hypertext Markup Language
W3C	World Wide Web Consortium
WAI	Web Accessibility Initiative
WCAG	Web Content Accessibility Guidelines
WCMS	Web Content Management System
WYSIWYG	What You See Is What You Get
WWW	World Wide Web
XHTML	Extensible Hypertext Markup Language

Abbildungsverzeichnis

1 Einleitung

Seit den Anfängen des Internet und im Speziellen des World Wide Web (WWW) hat sich das Verfahren der Konstruktion und Pflege von Webseiten und deren Inhalten grundlegend verändert. Zu Beginn wurden Webseiten durch Webmaster sowohl manuell erstellt als auch manuell aktualisiert. Was für private Webseiten oder sich nur selten ändernde Firmenhomepages zunächst kein Problem war, erwies sich als Hemmnis für die Erstellung wirklich dynamischerer Webseiten mit hohem Informationsgehalt und häufig wechselnden Inhalten: Will man beispielsweise ein Nachrichtenportal mit entsprechender Aktualisierungshäufigkeit betreiben, ist es kaum praktikabel, dass Redakteure Artikel schreiben, an einen Webmaster senden und dieser dann die Inhalte – klassischerweise durch Aktualisierung und Upload von einzelnen HTML-Dateien – online stellt.

Die Entstehung von Content Management Systemen und speziell Web Content Management Systemen erlaubte es schließlich, dass diese Tätigkeiten auch ohne HTML- oder sonstige technische Kenntnisse im Prinzip von Jedermann bewerkstelligen zu bewerkstelligen sind. Doch ist das Web einer ständigen Veränderung unterworfen. So ist in den letzten Jahren der Begriff der Barrierefreiheit von Webseiten zunehmend in den Vordergrund gerückt. Für Bundesbehörden sind barrierefrei zugängliche Webseiten sogar verpflichtend vorgeschrieben. Dabei umfasst Barrierefreiheit unter Umständen viele verschiedene Aspekte – die zudem in die Verantwortungs- bzw. Aufgabenbereiche unterschiedlicher an der Seitenerstellung beteiligter Personen fallen – und ist nicht immer leicht zu realisieren. Die Herausforderung ist also, Webseiten barrierefrei zu gestalten und dennoch die bequeme Aktualisierbarkeit der Inhalte sicherzustellen, ohne dass jeder einzelne Content-Autor ein Experte für barrierefreies Webseitendesign sein muss.

Die vorliegende Arbeit beschäftigt sich daher mit der Frage, inwiefern Web Content Management Systeme bei der Erstellung barrierefreier Webseiten unterstützen können. Es werden die Anforderungen beleuchtet, die verschiedene Richtlinien zur Barrierefreiheit stellen und auf Auswahlkriterien eingegangen, die in diesem Zusammenhang bei der Entscheidung für oder gegen ein bestimmtes WCMS-System hilfreich sind.

2 Definitionen

2.1 Web Content Management

Ein Content Management System (CMS) kann definiert werden als „eine Applikation, die dazu verwendet [wird], Content zu erstellen, zu bearbeiten, zu verwalten und die Contents unter Wahrung der Corporate Identity nach außen zu präsentieren".[1] Der Begriff des Content ist hierbei in der Literatur durchaus unterschiedlich definiert. Übersetzt bedeutet Content einfach nur „Inhalt" – im Zusammenhang mit Webseiten also mindestens die Texte, Bilder, Videos und andere multimediale Inhalte, die für den späteren Nutzer der Webseite sichtbar sind. Laut Nix muss der Begriff aber weiter gefasst werden und zum Content auch die Metadaten, die nicht unbedingt nach außen sichtbar sind, aber für die interne Verwaltung eine wichtige Rolle spielen, gezählt werden.[2] Dies können zum Beispiel Informationen über Autor und Erstellungsdatum, aber auch Zugriffsrechte und Statusinformationen sein.[3]

Content kann im Web-Kontext in der Regel weiter aufgeteilt werden in einzelne Komponenten: So besteht eine Webseite beispielsweise oft aus einem Textteil und einem oder mehreren Bildern zur Illustration.[4] Diese einzelnen Komponenten werden auch als digitale Assets bezeichnet und werden getrennt voneinander gespeichert, referenzieren sich aber unter Umständen gegenseitig: Der Content, der beispielsweise einen Online-Zeitungsartikel repräsentiert, enthält Verweise – man könnte von Zeigern sprechen – einerseits auf den Textteil und andererseits auf das zugehörige Bild. Zur Aufgabe eines WCMS gehört es also auch, die Assets und ihre Relationen untereinander zu verwalten.

Für das Layout der Webseite sind schließlich entsprechende Vorlagen, sog. Templates, verantwortlich. Durch die Auslagerung des Layouts in Template-Dateien können Texte und Bilder verändert werden, ohne dass dies Einfluss auf die grundsätzliche Gestaltung des Webauftritts hat.[5] Eine konsistente Gestaltung der Webseite inklusive aller Unterseiten, die sich beispielsweise an strikten Designvorgaben aus der Corporate Identity bzw. Corporate Design (CI / CD) orientiert, lässt sich so leicht realisieren.

---

[1] Spörrer (2009), S. 8
[2] vgl. Nix (2005), S. 25
[3] vgl. Spörrer (2009), S. 6
[4] vgl. ebd.
[5] vgl. Nix (2005), S. 16

Beim Abrufen der Inhalte durch einen Webseitenbesucher werden die Assets in ein Template geladen und entsprechend für den Benutzer dargestellt.[6] Abbildung 1 zeigt schematisch, wie die verschiedenen separaten digitalen Assets und die Templates durch das WCMS zu einer fertigen Webseite zusammengesetzt werden.

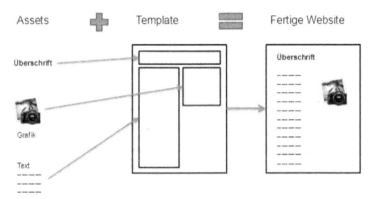

In Anlehnung an: Neidhold / Waibel (2004), S. 9

Abbildung 1: Aufbau einer Webseite durch Assets und Templates

Zusammenfassend kann ein Web Content Management System (WCMS) also beschrieben werden als eine spezielle Form des Content Management Systems, die sich auf die Erstellung und Verwaltung von Inhalten im Zusammenhang mit der Publikation auf Webseiten spezialisiert. Dabei ist es unerheblich, ob diese Webseiten öffentlich im Internet stehen oder in Form eines Intranet oder Extranet nur einem begrenzten Personenkreis zugänglich gemacht werden. Hervorzuheben ist hierbei die Trennung von Inhalt und Layout.

2.2 Barrierefreiheit

Balzert et al. beschreiben, dass Barrierefreiheit im Zusammenhang mit Webseiten bzw. dem WWW „darauf [abzielt], Inhalte und Interaktionen im Internet (möglichst) allen Nutzern unabhängig von körperlichen oder technischen Möglichkeiten (Endgeräte) uneingeschränkt, d.h. barrierefrei, zugänglich zu machen".[7] Laut Jendryschik muss dazu die Webseite derart gestaltet sein, dass sie „Benutzern in so hohem Maße wie möglich zur Verfügung steht, auch wenn diese Einschränkungen irgendeiner Art (zum Beispiel Sinnes-

---

[6] vgl. Zschau et al. (2001), S. 202
[7] Balzert et al. (2009), S. 341

und/oder Körperbehinderungen) unterliegen"[8]. Beide Autoren deuten hier an, dass eine vollständige, einhundertprozentige Barrierefreiheit für Jedermann und in jeder Situation zwar kaum möglich ist, aber eine weitestgehende Annäherung an dieses Ideal wünschenswert ist. Aus diesem Grund wäre daher der Begriffe „barrierearm" eigentlich zutreffender.[9]

Zu berücksichtigen sind die folgenden körperlichen Einschränkungen:[10],[11]

- Sehbehinderungen
- Motorische Behinderungen
- Hörbehinderungen
- Kognitive Behinderungen (Sprach-/Lernbehinderungen)

Balzert et al. erwähnen außerdem noch die „Gruppe 50+", also die steigende Zahl älterer Internetnutzer. Abgesehen von diesen körperlichen bzw. Alters-Aspekten ist auch zu beachten, dass selbst für vollkommen gesunde Internetnutzer in Abhängigkeit vom verwendeten Endgerät oder der verwendeten Software Einschränkungen entstehen können: Ein Beispiel hierfür wären textbasierte Browser, die keine Grafiken darstellen können sowie mobile Endgeräte mit entsprechend kleinem Display und vergleichsweise geringer Auflösung sowie abweichender Bedienung (Finger oder Stylus anstatt Maus und Tastatur). Für alle diese Fälle muss sichergestellt werden, dass die Webseite einerseits bedienbar ist, also dass die Navigation funktioniert, und andererseits alle relevanten Inhalte den Nutzer erreichen.

3 Richtlinien für barrierefreie Webseiten

Bezüglich der Erstellung barrierefreier Webseiten gibt es im deutschsprachigen Raum zwei relevante Richtlinien: Die Web Content Accessibility Guidelines (WCAG) stellen eine Empfehlung der Web Accessibility Initiative (WAI) dar und haben das Ziel, Menschen mit Sinnes- und Körperbehinderungen die Teilhabe am Internet zu ermöglichen.[12] In Deutsch-

[8] Jendryschik (2007), S. 83
[9] vgl. Balzert et al. (2009), S. 341
[10] vgl. ebd., S. 342-346
[11] vgl. Jendryschik (2007), S. 84
[12] vgl. Balzert et al. (2009), S. 346

land gibt es zusätzlich seit 2002 die Barrierefreie Informationstechnik-Verordnung (BITV), die auf den WCAG-Empfehlungen basiert. Sie ist für Webseiten von Behörden der Bundesverwaltung verbindlich.

Die WCAG formulieren 14 einzelne Richtlinien, die jeweils mit mehreren „Checkpoints" versehen sind. Die einzelnen Richtlinien sind eher allgemein formuliert, die Checkpunkte hingegen geben konkrete Hinweise auf die Problemstellungen bei der Webentwicklung und wie diese WCAG-konform zu lösen sind. Den Checkpunkten sind Prioritätsstufen zugeordnet von 1 (besonders wichtig) bis 3 (weniger wichtig).

Die einzelnen Richtlinien sind:[13]

1. **Stelle äquivalente Inhalte für visuelle und Audio-Inhalte bereit**
   Für alle nicht-textuellen Inhalte sollte eine alternative textuelle Repräsentation erstellt werden, beispielsweise durch Nutzung des `alt`-Attributes im `<img>`-Tag, mit dem in HTML Bilder eingebunden werden.

2. **Mache nichts von Farben bzw. Farbigkeit abhängig**
   Die Vermittlung von wichtigen Informationen sollte nicht davon abhängen, ob der Betrachter Farben unterscheiden kann oder nicht. Auch können zu geringe Kontraste zwischen Vordergrund und Hintergrund dazu führen, dass die Informationen auf monochromen Anzeigen oder von farbenblinden Menschen nicht mehr gelesen werden können.

3. **Verwende Markup-Sprache und Stylesheets in angemessener Weise**
   Markup-Sprache (hier besonders HTML) sollte in gültiger Weise verwendet werden. Für Layoutzwecke sollten Cascading Stylesheets (CSS) Anwendung finden und keine strukturierenden HTML-Elemente „missbraucht" werden.

4. **Stelle sprachliche Besonderheiten wie Fremdsprachen und Abkürzungen heraus**
   Ein Wechsel in der Sprache oder die Verwendung von Abkürzungen sollte durch entsprechende Markup-Elemente deutlich gemacht werden. Die ausgeschriebene Bedeutung von Abkürzungen und Akronymen kann beispielsweise innerhalb der HTML-Tags `<abbr>` und `<acr>` im title-Attribut angegeben werden.

5. **Strukturiere Tabellen mit validem Markup, damit sie transformiert werden können**
   Unterschiedliche Endgeräte bieten unter Umständen verschiedene Darstellungen von HTML-Tabellen oder die Möglichkeit, durch die Tabellenzellen zu navigieren. Dazu müssen die Tabellen mit gültigen Tags versehen werden, die beispielsweise

---

[13] vgl. WCAG 1.0 (2011), hier stark gekürzt zusammengefasst

eine Tabellenzeile (`<tr>`) von den Spaltenköpfen (`<td>`) unterscheiden.

6. **Stelle sicher, dass die Seite auch nutzbar ist, wenn neuere Technologien nicht unterstützt werden**
   Die korrekte Anzeige der Webseite sollte nicht davon abhängen, ob ein Browser beispielsweise Cascading Stylesheets, proprietäre Technologien wie Flash, client-seitige Skriptsprachen wie JavaScript oder die Anzeige von Bildern unterstützt.

7. **Gebe dem Benutzer die Kontrolle über bewegte und zeitgesteuerte Inhalte**
   Sofern es auf der Webseite beispielsweise sich bewegenden Text (Scrolling), au-tomatisch wechselnde oder blinkende Inhalte gibt, sollte der Benutzer die Mög-lichkeit haben, dies abzuschalten bzw. anzuhalten.

8. **Eingebettete Benutzerschnittstellen müssen zugänglich sein**
   Bietet die Webseite beispielsweise Benutzer-Interfaces mit Hilfe von Skripttechno-logien an, müssen diese Interfaces ebenfalls zugänglich („accessible") sein oder ei-ne Alternative bereitgestellt werden.

9. **Stelle geräteunabhängige Bedienbarkeit sicher**
   Der Benutzer sollte sein präferiertes Eingabemedium verwenden können, um mit der Webseite zu interagieren, beispielsweise Tastatur und Maus, aber auch Stim-me, Zeigestifte und andere alternative Eingabegeräte.

10. **Stelle Rückwärtskompatibilität mittels Interimslösungen sicher**
    Ältere Browser oder Hilfsutensilien wie Screenreader machen eventuell Worka-rounds bzw. Interimslösungen nötig, damit sie korrekt funktionieren.

11. **Setze W3C-Richtlinien und -Technologien ein**
    Auf proprietäre Lösungen wie PDF und Shockwave Flash, die nur mit entspre-chender Zusatzsoftware (Plugins) funktionieren, sollte verzichtet werden und stattdessen nach Möglichkeit die W3C-Standards eingesetzt werden, da diese von Browsern und Hilfssoftware in der Regel vollumfänglich unterstützt werden.

12. **Stelle Kontextinformationen und Orientierungshilfe bereit**
    Der Zusammenhang zwischen einzelnen Elementen der Webseite – sofern es einen solchen gibt – sollte mit entsprechendem Markup herausgestellt werden mit Rück-sicht auf Menschen mit visuellen oder kognitiven Defiziten.

13. **Stelle klare Navigationsmechanismen bereit**
    Navigation, z. B. in Form von Menüs oder Orientierungshilfen, sollte klar verständ-lich, konsistent und für Jedermann gleichermaßen zugänglich sein, damit die Nut-zer sich auf der Webseite zurechtfinden.

14. **Halte Dokumente klar und einfach verständlich**
    Die Verwendung von Sprache sollte dem Zielpublikum angemessen und nicht un-nötig kompliziert sein. Grafiken sollten aussagekräftig und verständlich sein.

4 Umsetzung mittels eines Web Content Management Systems

Die Anforderungen an eine barrierefreie Webseite sind wie zuvor beschrieben durchaus komplex und vielfältig. Einige der geforderten Richtlinien sind technischer, andere eher inhaltlicher Natur. Die Herausforderung ist die strikte Einhaltung möglichst aller Richtlinien durch alle an der Content-Erstellung beteiligten Mitarbeiter.

Daher stellt sich die Frage, inwieweit ein WCMS dabei helfen kann, dass möglichst nur Inhalte publiziert werden, die den Richtlinien entsprechen, ohne dass gleichzeitig der Aufwand für die Content-Autoren ins Unermessliche steigt.

Laut Zapp sollte ein geeignetes Content Management System hierzu idealerweise selbst barrierefrei bedienbar sein und die Erstellung barrierefreier Webseiten sowohl ermöglichen als auch unterstützen.[14]

4.1 Barrierefreiheit des Content Management Systems selbst

Von Zapp wird der Aspekt angesprochen, dass das WCMS-System das zentrale Arbeitsmittel der Redakteure und Administratoren darstellt und deshalb nicht nur in der Lage sein sollte, barrierefreie Webseiten für andere Nutzer zu erstellen, sondern auch selbst mit seinen Oberflächen barrierefrei bedienbar sein sollte.[15] Somit wäre es auch für Content-Autoren, Administratoren und andere beteiligte Mitarbeiter nutzbar, die über die in Kapitel 2.2 beschrieben Einschränkungen bzw. Behinderungen verfügen. Da WCMS-Systeme in der Regel über ein einen internen Bereich in Form eines browserbasierten Webinterface verfügen, um Inhalte zu editieren und zu verwalten, müsste diese Webapplikation die zuvor beschriebenen Anforderungen erfüllen.

Zapp kommt zu der Feststellung, dass die gängigen Content Management Systeme derzeit eher weit von komplett barrierefreier Bedienbarkeit entfernt sind.[16] Diese wäre unter Umständen auch schwierig umzusetzen, da WCMS klassischerweise über grafische Editoren verfügen, die dem „What You See Is What You Get"-Prinzip (WYSIWYG) folgen. Einige Forderungen, wie beispielsweise die durchgängige Ersetzbarkeit von Grafiken durch textuelle Repräsentationen, laufen dem WYSIWYG-Gedanken zuwider. So werden zum Beispiel innerhalb von WCMS-Systemen komplexe WYSIWYG-Editoren verwendet, die es er-

---

[14] vgl. Zapp (2006), o. S.
[15] vgl. ebd.
[16] vgl. ebd.

lauben, Grafiken frei im Text zu platzieren usw. Diese sind essentiell, damit Autoren auch ohne technische Kenntnisse Assets einfach und eigenständig erstellen und verwalten können.[17] Um diese Art von Editoren technisch umzusetzen, sind aber Skriptsprachen oder moderne CSS-Technologien in vielen Fällen nicht verzichtbar (vgl. Punkt 6 der in Kapitel 3 genannten WCAG-Richtlinien). In einem reinen Textbrowser beispielsweise können sie nicht funktionieren.

Dennoch können WCMS-Systeme die Umsetzung eines barrierefreien Internetauftritts erleichtern.

4.2 Unterstützung bei der Erstellung barrierefreier Webseiten

Web Content Management Systeme können auf verschiedene Arten und Weisen dabei helfen, eine barrierefreie Webseite zu erstellen und zu unterhalten. Zunächst muss aber klar sein, wie Barrierefreiheit im konkreten Einzelfall definiert werden soll und welche Maßstäbe hierzu angelegt werden. Allein auf die Werbeaussagen der Hersteller von CMS- bzw. WCMS-Systemen kann man sich hierbei nicht verlassen.[18] Stattdessen sollte man die Eignung anhand allgemein akzeptierter Regelwerke wie beispielsweise den WCAG- oder BITV-Richtlinien messen. Dies hat auch den Vorteil, dass hierfür Prüfverfahren wie beispielsweise der webbasierte BITV-Test[19] zur Verfügung stehen, die relativ schnell Klarheit darüber geben, ob der generierte Output eines bestimmten Softwaresystems den Anforderungen genügt.

Allerdings leistet schon das Grundprinzip eines WCMS-Systems, nämlich das Prinzip der Trennung von Layout einerseits und Inhalt andererseits, einen wichtigen Beitrag zur Barrierefreiheit. Diese Separierung ist ein oft aufgegriffener Grundgedanke in der Informatik[20], da sich durch die Entkopplung dieser Komponenten meist die Erweiterbarkeit, Wartbarkeit und Robustheit des zugrundeliegenden Gesamtsystems erhöhen lässt. Auf Webseiten übertragen bedeutet dies beispielsweise, dass das Design des Internetauftrittes geändert werden kann, ohne gleichzeitig die hinterlegten Inhalte antasten zu müssen. Selbst wenn man eine Vermischung von Layout und Inhalt für unproblematisch hielte, scheitert sie in vielen Fällen schon an der praktischen Umsetzung: Mitarbeiter, die Inhalte

---

[17] vgl. Spörrer (2009), S. 57
[18] vgl. Zapp (2006), o. S.
[19] http://www.bitvtest.de
[20] Etwas allgemeiner wird auch von der Trennung von Präsentation und Logik gesprochen, beispielsweise beim Model-View-Controller-Ansatz (MVC) in der Programmierung

erstellen, verfügen nicht zwangsläufig über Webdesign- oder Webprogrammierungs-kenntnisse – und umgekehrt.

Für den Aspekt der Barrierefreiheit ist die Trennung von Layout und Content deshalb so essentiell, weil ein einmal unter Umständen mit viel Aufwand erstelltes barrierefreies Webdesign – also das Layout und die grafische Gestaltung der Seite – in Templates hinter-legt werden kann, die dann automatisch als Vorlage für jede neue Unterseite herangezo-gen werden. Bei der Erstellung neuer Seiten oder der Aktualisierung der Inhalte ist somit die Barrierefreiheit nicht in Gefahr. Die Autoren müssen auch nicht gesondert darauf ach-ten oder in barrierefreiem Webdesign ausgebildet sein. Sie können sich gemäß ihrer Auf-gabe auf die Erstellung der Inhalte konzentrieren und sich darauf verlassen, dass automa-tisch ein den Anforderungen entsprechendes Template herangezogen wird. Zapp bezeich-net dies als „Abgrenzung von Verantwortungsbereichen".[21]

Weiterhin kann ein Content Management System bei der Einhaltung der Vorgaben helfen, indem es bestimmte Arbeitsschritte automatisiert, teilautomatisiert oder zumindest Erin-nerungsfunktionen wahrnimmt. In diesem Zusammenhang ist insbesondere die Workflowkomponente wichtig, die in den meisten Systemen enthalten ist. Ein Workflow ist eine „definierte Abfolge von Arbeitsschritten", jedoch „kein statischer Prozess".[22] Die Workflowkomponente kann beispielsweise beim Content Lifecycle, dem Lebenszyklus einzelner Inhalte, unterstützen: Nachdem ein Autor einen Inhalt erstellt hat, wird dieser automatisch über den Workflow zunächst an einen oder mehrere Personen zur Freigabe weitergeleitet. Die mit der Freigabe betraute Person kann beispielsweise ein Vorgesetz-ter, ein Mitarbeiter der PR- oder Unternehmenskommunikationsabteilung oder auch ein speziell auf Aspekte der Barrierefreiheit geschulter Mitarbeiter sein. Denkbar ist auch ein mehrstufiger Freigabeworkflow, der all diese Instanzen durchläuft. Wird der Beitrag nicht freigegeben, wird er dem Autor zur Überarbeitung zurückgeleitet. Bei positiv verlaufener Kontrolle wird der Beitrag schließlich vom WCMS-System auf der Webseite publiziert. Optional kann er irgendwann, automatisch oder manuell, in ein öffentliches oder internes Archiv verschoben werden. Abbildung 2 stellt diese Abläufe dar.

---

[21]vgl. Zapp (2006), o. S.
[22] Zschau et al. (2001), S. 229

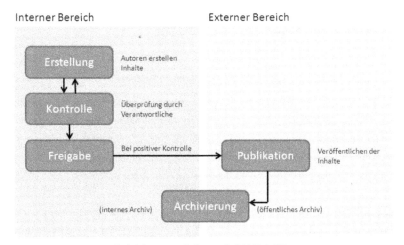

In Anlehnung an: Zschau et al. (2001), S. 371

Abbildung 2: Content-Lifecycle-Schema

Ein geeigneter Workflow unterstützt somit das Mehr-Augen-Prinzip, lädt die Verantwor-
tung für die Barrierefreiheit der Inhalte nicht einem einzelnen Mitarbeiter auf und trägt
auf diese Weise zur Qualitätssicherung bei, weil kein ungeprüfter Inhalt veröffentlicht
werden kann.

An anderen Stellen kann das Content Management System den Autor zumindest an Aspekte der Barrierefreiheit erinnern. So soll beispielsweise gemäß der WCAG-Richtlinie Nr. 1
für jede Grafik auch eine alternative textuelle Repräsentation hinterlegt werden. Das CMS
kann den Inhalt eines Bildes zwar nicht automatisch erkennen, aber es kann beim Einfü-
gen einer Grafik den Autor dazu auffordern, dem Bild einen Alternativtext mitzugeben.
Wurde das Bild schon einmal verwendet oder stammt es aus einer beschlagworteten Bild-
datenbank, könnten bestehende Texte übernommen werden.

Ein weiteres Beispiel stellt die automatische Erkennung von Abkürzungen und Akronymen dar, was technisch relativ leicht zu realisieren ist, da diese in der Regel aus mehreren
aufeinanderfolgenden Großbuchstaben bestehen. Hier kann das Content Management
System dann entweder selbstständig aus einem zentralen Glossar die passende Erläute-

rung vorschlagen oder wiederum den Autor zu einer manuellen Eingabe auffordern.[23] Somit wäre Punkt 4 der WCAG-Anforderungen abgedeckt.

4.3 Kriterien für die Auswahl eines geeigneten Systems

Das große Angebot an sowohl freien als auch kostenpflichtigen Content Management Systemen[24] und die Tatsache, dass kein System die Anforderungen vollumfänglich erfüllt, sondern maximal unterstützen kann, machen die Auswahl entsprechend schwer. Die Brauchbarkeit eines Systems hängt auch vom konkreten Anwendungsfeld ab sowie von den Vorerfahrungen und Vorarbeiten einer eventuell beteiligten Agentur.[25]

Zapp schlägt zur Entscheidungsfindung unter anderem vor, zu analysieren, welche Softwaresysteme von Webseiten eingesetzt werden, die dafür bekannt sind, die Regeln zur Zugänglichkeit gut einzuhalten.[26] Ein erster Anhaltspunkt könnten Webseiten von Behinderten- oder Menschenrechtsverbänden sein sowie alle Webseiten der Bundesbehörden, da diese seit 2002 an die Einhaltung der BITV gebunden sind.

Einige allgemeine, essentielle Anforderungen lassen sich dennoch formulieren.

Von großer Bedeutung ist, dass das WCMS-System valides HTML bzw. XHTML produziert oder zumindest warnt, wenn z. B. aufgrund eines zugrundeliegenden Templates zwangsläufig invalides Markup produziert würde. Bei Markup, das nicht den Spezifikationen entspricht, besteht nicht nur die Gefahr unvorhersehbarer Resultate bei der Anzeige in verschiedenen Browsern, sondern es drohen auch Interpretationsprobleme für Screenreader und andere Hilfsmittel. Es ist außerdem wenig sinnvoll, wenn ein Content Management System einerseits den Redakteur bei der Umsetzung manueller Prozesse zur Barrierefreiheit unterstützt, andererseits aber am Ende des Prozesses keinen fehlerfreien Output produziert. Da die Autoren keine Techniker sind, müssen sie sich darauf verlassen können, dass das System die hoffentlich sorgsam erstellten Inhalte und Templates wieder zu gültigem Quellcode zusammensetzt.

---

[23] vgl. Zapp (2006), o. S.
[24] Im Januar 2012 waren bei der Marktübersicht des Portals Contentmanager.de insgesamt 287 bekannte Content Management Systeme gelistet, vgl. Contentmanager (2012)
[25] vgl. Zapp (2006), o. S.
[26] vgl. ebd.

Das System sollte eine Workflow-Engine beinhalten, die möglichst frei konfigurierbar ist bzw. durch eigene Entwicklungen oder Module bzw. Plugins erweitert werden kann. So kann der Genehmigungsworkflow innerhalb des Content Lifecycle wie zuvor beschrieben für Zwecke der Barrierefreiheit nutzbar gemacht werden. Desweiteren wäre es wünschenswert, dass das System ein feingranulares Rechtemanagement ermöglicht, so dass beispielsweise Templates nur von einem eingeschränkten Nutzerkreis editierbar sind, damit die Barrierefreiheit nicht durch unsachgemäße Modifikationen an den Vorlagen gefährdet wird. Unter Umständen kann es sinnvoll sein, dass auch Veränderungen an Templates einen Workflow zur Freigabe durchlaufen können, indem sie beispielsweise von entsprechend geschulten Mitarbeitern auf ihre Barrierefreiheit geprüft werden, bevor das Template zur allgemeinen Verwendung freigegeben wird.

5 Fazit

Die Bereitstellung eines barrierefreien Webangebotes ist eine anspruchsvolle Aufgabe. Sowohl technische als auch inhaltliche Aspekte sind von verschiedenen Personengruppen und zu verschiedenen Zeitpunkten zu berücksichtigen: Einige Herausforderungen kann man bereits bei der Grundkonzeption der Webseite lösen, beispielsweise durch die Erstellung passender Layouttemplates durch Barrierefreiheit- und Usability-Spezialisten, durch eine konsistente Gestaltung mit verständlicher Menüführung oder durch grundsätzlichen Verzicht auf Flash und clientseitige Skripttechnologien (bzw. die Bereitstellung von Alternativen hierzu). Andere Herausforderungen bestehen aber wiederum bei jedem neuen Artikel, der auf der Webseite eingestellt wird: Bilder müssen mit Alternativtexten versehen, Tabellen korrekt formatiert und Abkürzungen erläutert werden. Somit ist das Streben nach Barrierefreiheit kein irgendwann abgeschlossener Prozess, sondern eher *daily business.*

Geeignete Web Content Management Systeme können durch Trennung von Layout und Inhalt sowie durch Teilautomatisierung und Workflowsteuerung innerhalb des Content Lifecycle dazu beitragen, diese Aufgabe zumindest etwas einfacher zu gestalten. Das System sollte in der Lage sein, die Content-Autoren im täglichen Geschäft „an die Hand zu nehmen". Idealerweise bringt ein System diese Fähigkeiten bereits von Haus aus mit. Alternativ kann das System beispielsweise mittels Plugins erweiterbar sein, um den Anforderungen zu genügen. In jedem Fall muss abgeglichen werden, welche Anforderungen der WCAG bzw. BITV durch die Softwarekomponenten des Systems abgedeckt sind und an welchen Stellen weiterhin manuelle Arbeit oder Kontrolle erforderlich sind. Kein WCMS garantiert von Haus aus ein völlig barrierefreies Resultat.

Wünschenswert wäre es, wenn die Hersteller von Content Management Systemen künftig ein größeres Augenmerk auf Barrierefreiheit legen würden: Zumindest einige Aspekte der WCAG ließen sich – ohne dass der Bedienkomfort leidet – auch für die internen Benutzeroberflächen der Systeme umsetzen, mit denen Webautoren und –administratoren täglich arbeiten. Die Einhaltung der W3C-Standards bei den generierten Quellcodes sollte selbstverständlich sein.

Es zeigt sich, dass Softwaresysteme vor allem bei den technischen Aspekten der Barrierefreiheit unterstützen können. Sie sollten die Eingaben, die der technisch nicht zwangsläufig versierte Autor in einem WYSIWYG-Editor vornimmt, in valides HTML bzw. XHTML transformieren und können eventuell zusätzlich noch an der ein oder anderen Stelle an die Ergänzung von Alternativtexten für Bilder oder Weblinks und an die Erläuterung von Abkürzungen erinnern. Sie können aber beispielsweise kaum den korrekten Einsatz von Farben, die Klarheit der Menünavigation oder die Verständlichkeit der verwendeten Sprache kontrollieren, was ebenfalls Aspekte der Barrierefreiheit nach WCAG-Richtlinien sind. Zur Realisierung eines barrierefreien Webangebotes kann ein geeignetes Web Content Management System somit höchstens eine gute Hilfestellung, aber kein Allheilmittel sein.

Literaturverzeichnis

Monografien

Balzert, Heide / Klug, Uwe / Pampuch, Anja (2009): Webdesign & Web-Usability, W3L-Verlag, Witten-Herdecke 2009

Jendryschik, Michael (2007): Einführung in XHTML, CSS und Webdesign - Standardkonforme, moderne und barrierefreie Websites erstellen, Addison-Wesley, München 2007

Neidhold, Aline / Waibel, Tina (2004): Content-Management-Systeme und deren Einsatzfelder für die PR. Fachhochschule Stuttgart, Fachbereich Informationswirtschaft, Seminararbeit 2004.

Nix, Markus (2005): Web Content Management. CMS verstehen und auswählen, Software & Support Verlag, Frankfurt 2005

Spörrer, Stefan (2009): Content-Management-Systeme: Begriffsstruktur und Praxisbeispiel, Kölner Wissenschaftsverlag, Köln 2009

Zschau, Oliver / Traub, Dennis / Zahradka, Rik (2001): Web Content Management, 2. Auflage, Galileo Press GmbH, Bonn 2001

Internet-Quellen

Contentmanager (2012): Contentmanager.de - Marktübersicht, http://www.contentmanager.de/itguide/marktuebersicht.html (abgerufen am 13.01.2012)

WCAG 1.0 (2011): Web Content Accessibility Guidelines 1.0, http://www.w3.org/TR/WCAG10/ (abgerufen am 29.12.2011)

Zapp, Michael (2006): Einkaufsführer barrierefreies CMS, Vortrag für den Erlanger Webkongresses am 28. und 29. September 2006, http://www.bitvtest.de/infothek/artikel/lesen/einkaufsfuehrer-cms.html (abgerufen am 12.12.2011)